BEI GRIN MACHT SICH IHR WISSEN BEZAHLT

- Wir veröffentlichen Ihre Hausarbeit,
  Bachelor- und Masterarbeit

- Ihr eigenes eBook und Buch -
  weltweit in allen wichtigen Shops

- Verdienen Sie an jedem Verkauf

Jetzt bei www.GRIN.com hochladen
und kostenlos publizieren

Martin Gulz

Social Media – Einsatz an Hochschulen

GRIN Verlag

Bibliografische Information der Deutschen Nationalbibliothek:

Die Deutsche Bibliothek verzeichnet diese Publikation in der Deutschen National-
bibliografie; detaillierte bibliografische Daten sind im Internet über http://dnb.d-
nb.de/ abrufbar.

Impressum:

Copyright © 2012 GRIN Verlag GmbH
Druck und Bindung: Books on Demand GmbH, Norderstedt Germany
ISBN: 978-3-656-28737-7

Dieses Buch bei GRIN:

http://www.grin.com/de/e-book/202491/social-media-einsatz-an-hochschulen

Wissenschaftliche Arbeit

Martin Gulz

Thema:

Social Media – Einsatz an Hochschulen

Abgabedatum: 06.06.2012

Technische Fachhochschule Georg Agricola, Bochum

Studiengang Bachelor Technische Betriebswirtschaft

Wirtschaftsinformatik II

Inhaltsverzeichnis

Abbildungsverzeichnis

1 Einleitung

Diese Ausarbeitung befasst sich mit dem Thema Social Media und dessen Einsatz an Hochschulen. Zunächst wird die Definition von Social Media erläutert. In Punkt drei werden die wesentlichen Social Media Plattformen veranschaulicht, die für Hochschulen einen besonderen Wert besitzen. Im vierten Abschnitt soll die Relevanz, wie auch der Nutzen von Social Media für Hochschulen diskutiert werden. Im letzten Punkt wird die Arbeit einer kritischen Würdigung unterzogen und ein vorsichtiger Blick in die „Kristallkugel" gewagt.

2 Definition: Social Media

Unter dem Begriff Social Media, auch WEB 2.0 genannt, werden alle Möglichkeiten der heutigen Kommunikation und das Austauschen von zwischenmenschlichen Informationen im Internet zusammengefasst. Social Media ist zudem eine sehr schnell wachsende Branche, welche in den letzten Jahren immer mehr Anhänger gefunden hat.[1]

Die Kommunikation hat sich in den letzten Jahren erheblich gewandelt. Jugendliche, wie auch junge Erwachsene substituieren zunehmend die gewohnte Kommunikation mit der Vernetzten. Dabei wird mittels Smartphone (Online), Tablett PC oder Computer mit der Außenwelt kommuniziert. Dies ist verständlich, unter dem Gesichtspunkt neuer Möglichkeiten der modernen Kommunikation. Somit ist es jederzeit möglich von verschiedenen Orten, Erlebnisse an alle Freunde gleichzeitig zu übermitteln. Es können außerdem schnell und unkompliziert Fotos hochgeladen werden, welche von Freunden und Bekannten gelobt und bewertet werden können. Die eigene Lieblingsmusik kann ebenfalls allen dort präsentiert werden, indem man diese von anderen Social Media Seiten wie z.B. YouTube mit seinem eigenen personalisierbaren Benutzerprofil verlinkt. Des Weiteren ist durch Wikis die Möglichkeit der Informationsbeschaffung und Informationsverbreitung um eine zusätzliche Ebene ergänzt worden.

---

[1] vgl. Bernet, 2010, S.9

Durch die zuvor skizzierten Fähigkeiten der modernen Kommunikation können Interaktionen zwischen Nutzern auf einer breiten Ebene getätigt werden, was dazu führt, dass mehr Menschen gleichzeitig an verschiedenen, räumlich getrennten Orten gemeinsam kommunizieren können.[2]

Durch diese Änderungen bzw. Erweiterungen wurde aus einem Internet zur Informationsrecherche ein „Mitmach – Internet", welches dem Nutzer neue Interaktionsmöglichkeiten mit seinen Mitmenschen bietet.[3]

3 Social Media Plattformen

Social Media ist auf diversen Plattformen verfügbar. Jede Plattform hat seine gewisse Bestimmung bzw. ein anderes Ziel. Im Folgenden werden beispielhaft drei etablierte Plattformen vorgestellt, die insbesondere für Hochschulen wichtig sind. Die Zielgruppe für Hochschulen sind Menschen im Alter von 17 bis Mitte bzw. Ende 20, somit die Menschen, die sich für ein Studium interessieren oder bereits im Studium sind und die Hochschule ggf. wechseln möchten.

3.1 Facebook

Abb. 1 Facebook (Logo)

Facebook ist mit rund 750 Mio. Nutzern weltweit die größte und am schnellsten wachsende Social Media Plattform. Ca. 50% der Nutzer loggen sich täglich in Facebook ein, um sich mit Freunden und Anderen auszutauschen.[4] Interessant ist Facebook für Hochschulen, da der Nutzerzuwachs bei Menschen im Studenten – bzw. Hochschulalter am größten ist.[5] Hochschulen können eine Internetpräsenz durch ein repräsentatives Benutzerprofil auf Facebook

---

[2] vgl. Vernet, 2010, S.10
[3] vgl. Stapelkamp, 2010, S. 399
[4] vgl. Eitle, 2011, S.5
[5] vgl. Henrikson, 2011

einrichten und mithilfe dieser Informationsseite Studenten und Interessenten einen Einblick über die Hochschule bieten.

Als gutes Beispiel kann für eine informative Facebook-Seite die Ruhr-Universität Bochum genannt werden. Diese Seite ist stets aktuell und informiert Interessenten, wie auch Studenten über das aktuelle Geschehen am Campus und in der Umgebung. Darüber hinaus veranstaltet die Ruhr-Universität Bochum Gewinnspiele und veröffentlicht Umfragen auf ihrer Facebook-Seite.

Quelle: https://www.facebook.com/RuhrUniBochum, 25.05.2012

Abb. 2 Facebook (Screenshot: Ruhr-Universität Bochum)

3.2 Twitter

Abb. 3 Twitter (Logo)

Das Twittern, zu Deutsch zwitschern, ist eine Art Microblogging. Twittern erlaubt dem Nutzer, ähnlich wie beim Versenden von SMS-Nachrichten, kurze Nachrichten mit einer maximalen Anzahl von 140 Zeichen zu erstellen und zu versenden. Der Unterschied ist, dass die Nachricht, anders als bei einer SMS jeder lesen kann, der diese Twitterseite besucht.[6] Das Hochladen und

---

[6] vgl. Stapelkamp, 2010, S.438

Veröffentlichen dieser Nachrichten wird tweeten genannt. Dadurch können kurze und prägnante Informationen abgegeben werden.[7]

Dieses Twittern verwenden Nutzer, darunter bekannte Persönlichkeiten wie Lady Gaga und Arnold Schwarzenegger, sowie Unternehmen wie auch diverse Hochschulen in Deutschland und weltweit.[8] Große Universitäten besitzen mehrere sogenannte Twitterkanäle, welche zusätzliche Nachrichten fachbereichsbezogen veröffentlichen.

Durch diese kurzen Nachrichten erreichen Nutzer die Twittergemeinschaft und können so über akute Probleme, aktuelle Gegebenheiten und Neuigkeiten informieren. Das folgende Beispiel veranschaulicht eine typische Twitterseite. Die Twitterseite der TFH Georg Agricola informiert die interessierten Nutzer zu neuen wie auch vergangenen Geschehnissen, die den TFH-Alltag betreffen.

Quelle:
http://twitter.com/#!/tfh_bochum, 30.05.2012

Abb. 4 Twitter (Screenshot: TFH Georg Agricola)

---

[7] vgl. o. A. 2012 A
[8] vgl. o. A. 2012 B

3.3 YouTube

Abb. 5 YouTube (Logo)

Bei YouTube handelt es sich um ein Videoportal des Google-Konzerns. Auf dieser Plattform werden Videos mit verschiedenstem Inhalt von privaten und gewerblichen Nutzern präsentiert.[9] Als besonderes Merkmal lässt sich die Implementierung dieser Videos auf externen Webseiten feststellen. Es ist somit möglich, YouTube-Videos, mit einem unter jedem Video stehendem externen Link, mit der eigenen Website oder anderen Social Media Plattformen zu verbinden und diese direkt auf diesen Seiten anzusehen.[10]

Hochschulen können die Möglichkeiten des Videoportals nutzen, um mit selbst erstellen Werbe- und Informationsvideos die Interessenten über diese Hochschule zu informieren. Viele deutsche Hochschulen haben bereits eigene Videos auf YouTube veröffentlicht. Das nächste Beispiel zeigt einen Ausschnitt des Angebots der TU München.

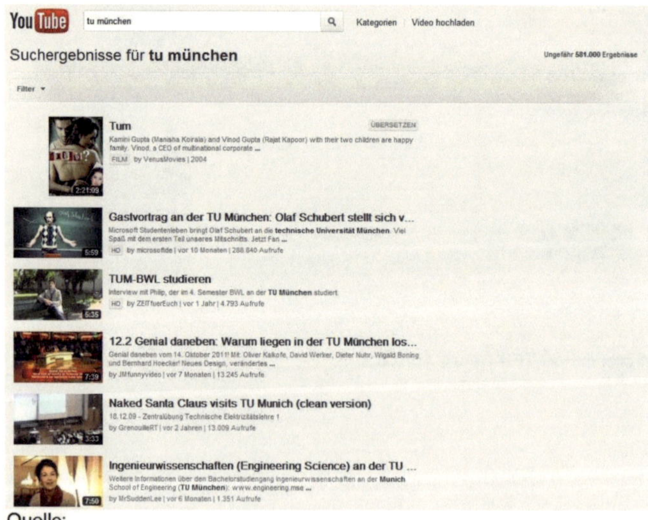

Quelle:
http://www.youtube.com, 30.05.2012

Abb. 6 YouTube (Screenshot: TU München)

---

[9] vgl. Stapelkamp, 2010, S.401
[10] vgl. Eitle, 2011, S.4

4 Social Media im Hochschuleinsatz

Der Einsatz von Social Media steht an Hochschulen immer mehr im Fokus. Die Verwendung von Social Media ist in der heutigen Zeit ein immer wichtigerer Faktor um bestimme Zielgruppen zu erreichen und damit potentielle Studentinnen und Studenten zu akquirieren. Das wachsende Angebot an Social Media Plattformen und die Akzeptanz dieser durch die Bevölkerung, ist für den Betrieb von eigenen Social Media Seiten durch Hochschulen wichtiger denn je.[11]

4.1 Kosten beim Social Media Einsatz

Social Media mag kostenfrei für den Privatanwender sein, allerdings kostet es ein Unternehmen, wie z. B. eine Hochschule ggf. Geld eigene Seiten auf diesen Plattformen zu betreiben. Beim sogenannten Social Media Marketing muss ggf. Geld an die Werbeagenturen und Programmierer fließen, welche die Seite für die Hochschule vorbereiten und designen. Ebenfalls ist bei großen Social Media Projekten mindestens ein zusätzlicher Mitarbeiter für den Betrieb der jeweiligen Seiten abzustellen. Dieser befasst sich mit der Aktualität wie auch mit der Pflege der aufgebauten Social Media Seiten.[12]

4.2 Nutzen und Einsatzgebiete von Social Media an Hochschulen

Wie zuvor erwähnt, dient der Betrieb von Social Media Seiten den Hochschulen in erster Linie dazu, sich zu präsentieren und Interessenten mit aktuellen Informationen zu versorgen, die so auf den Websiten selten zu finden sind. Des Weiteren ist die Akquise an neuen Studenten ein ebenso wichtiges Thema.

Die Einsatzgebiete sind zudem vielschichtiger. Durch die Bereitstellung hochschuleigener Seiten auf Plattformen, bieten die Hochschulen den Studenten eine Art „Forum" an. In diesen „Foren" können sich Studierende über Geschehnisse an und um den Campus austauschen und mögliche Probleme innerhalb einer Gemeinschaft, meist schnell und unkompliziert lösen. Ebenso

---

[11] vgl. Cleppien, Lerche, 2010, S. 34
[12] vgl. Eitle, 2011, S18

können Studenten auf diesen Seiten ihre eigenen Projekte vorstellen und somit zu möglichen Umfragen, welche im Rahmen von Seminar- und Abschlussarbeiten ggf. nötig sind, einladen.

Durch diese und auch andere schon zuvor erwähnten Möglichkeiten von Social Media, ergibt sich ein großer, nicht zu unterschätzender Nutzenvorteil für die Hochschulen, den immer weniger Hochschulen außer Acht lassen.

5 Kritische Würdigung

In dieser Ausarbeitung wurde Social Media und dessen Einsatz an Hochschulen betrachtet und mit Beispielen veranschaulicht. Durch die immer weiter wachsende Onlinevernetzung und die Nutzung dieser, ist Social Media immer wichtiger geworden. Dadurch sind in den letzten Jahren Vorteile entstanden, wodurch das Verwenden von Social Media durchaus befürwortet werden kann. Es ist damit zu rechnen, dass immer neue Plattformen in Zukunft erscheinen werden. Allerdings sollte man dabei die Tatsache im Auge behalten, dass nicht jedes neue Produkt auch sinnvoll für die eigenen Ziele ist. Somit ist das Social Media-Konzept sicherlich das Erfolgreichste, welches in der Handhabung praktikabel ist und deshalb von den meisten Nutzern verwendet wird.

Die Zukunft von Social Media zeigt sich überaus positiv, da männliche und weibliche Jugendliche im Alter von 12 bis 25 Jahren heutzutage schon über 10 Stunden die Woche im Internet verbringen. Diese Zeit wächst mit stetigem Alter.[13]

Damit ist der Blick nach vorne relativ gut abzuschätzen, wenn auch nicht hundertprozentig vorhersehbar. Die Communities / Social Media Plattformen werden über kurz oder lang sicherlich noch mehr in den Alltag eingebunden, was dazu führt, dass Hochschulen noch besser bzw. einfacher in Kontakt mit Interessenten und Studierenden bleiben können.

---

[13] vgl. Dittler, Hoyer, 2012, S. 214

Quellenverzeichnis

BERNET (2010)

Bernet, M, Social Media in der Medienarbeit, 1. Auflage, Wiesbaden, 2010

CLEPPIEN, LERCHE (2010)

Cleppien, G, Lerche, U, Soziale Arbeit und Medien, 1. Auflage, Wiesbaden, 2010

DITTLER, HOYER (2012)

Dittler, U, Hoyer, M, Aufwachsen in sozialen Netzwerken, 1. Auflage, München, 2012

EITLE (2011)

Eitle, C, Social Media Marketing für Hochschulen, Online im Internet < http://bwebstatic.de/docs/Social-Media-Marketing_Hochschulen.pdf> Zugriff: 10.05.2012; Stand: 10.10.2011

HENRIKSON (2011)

Henrikson, J – U, The Growth of Social Media, Online im Internet < http://www.searchenginejournal.com/the-growth-of-social-media-an-infographic/32788/> Zugriff: 20.05.2012; Stand: 30.08.2011

o. A. (2012) A

Was ist Twitter, Online im Internet < http://www.was-ist-twitter.com> Zugriff: 28.05.2012; Stand: 28.05.2012

o. A. (2012) B

twittersm@sh, Online im Internet <http://twittersmash.com/twitter-stars-die-liste> Zugriff: 28.05.2012; Stand: 10.02.2010

STAPELKAMP (2010)

Stapelkamp, P, Web X.0, 1. Auflage, Berlin, Heidelberg, 2010